AF331757

DE LA HIÉRARCHIE

DANS

LE SUFFRAGE UNIVERSEL

PAR Mr A. B.

..... Washington était de ceux qui savent
que, pas plus dans une république que
dans une monarchie, pas plus dans une
société démocratique que dans une autre,
on ne gouverne de bas en haut.

GUIZOT,

De la Démocratie en France,

Janvier 1849, — p. 29.

PARIS

DENTU, LIBRAIRE-ÉDITEUR

Palais-Royal (galerie d'Orléans)

—

1874

LETTRE EXPLICATIVE

16 avril 1874.

Mon cher ami,

Après avoir lu mes Études sur le suffrage universel & la loi électorale, Études dont vous m'avez dit approuver complétement les principes, vous avez clos votre dernière lettre, il y a quelques mois déjà, par cette interrogation..... si vous vous le rappelez :

« Et l'application, maintenant?... »

L'application, la voici ; vous en jugerez par les deux tableaux que je vous transmets.

Je ne l'avais pas oubliée, cette application ; j'y pense depuis longtemps, et elle avait pris place dans mon carton d'études, sous ce titre : *Essai de classement du monde électoral.* C'est ainsi que je vous prie d'intituler mes deux tableaux.

Ce classement présentait des difficultés, en ce qui touche la classe des ouvriers ; et je ne pouvais rien faire de complet sans eux. Or, c'est la situation notoirement considérée d'un ouvrier de ma ville, que je connais, dont j'ai suivi avec intérêt la carrière, qui a obtenu, sans les briguer aucunement, mais de la

A Monsieur de P..... à.....

spontanéité de l'opinion, dont son patron et des hommes de bien ont été les interprètes, des récompenses honorifiques; c'est, dis-je, cet exemple, ce fait, qui m'a frappé et dont j'ai dégagé le principe de hiérarchie que je cherchais, pour classer les artisans & les ouvriers.

Je dois dire que, cette difficulté levée, je suis resté encore très-hésitant et peu disposé à divulguer ce projet de classement des électeurs suivant mes trois bases, jusqu'à ce que j'aie eu la certitude que le principe du vote plural fût accepté par l'opinion, et surtout soutenu par des hommes dont le jugement fait autorité.

Or, cet accueil & cet appui me paraissent aujourd'hui un fait acquis.

Sous diverses formes, le *vote direct plural* a été proposé et justifié par les meilleures raisons, soit dans les délibérations de la commission, soit dans des feuilles publiques; et, bien que ces propositions n'aient pas pris corps dans un projet de réforme à soumettre aux délibérations de l'Assemblée, elles n'en conservent pas moins un grand nombre d'adhérents dans le monde politique, et sont considérées, même, comme contenant probablement en germe les bases de la bonne & véritable réforme électorale à espérer.

C'est ainsi qu'après avoir été, dès 1872, dans le journal la *Décentralisation,* le premier promoteur du vote plural d'après les bases combinées de l'*âge*, de la *propriété* et de la *capacité*, je me décide à présenter, au dernier moment, une *application*, un *mode pratique de vote* d'après ces principes de hiérarchie.

Depuis trois ans (février 1871), je réfléchis à cette question; et, plus je la pénètre, plus je ne vois que dans un mode *direct et hiérarchique* de vote la solution possible à ce grave problème : de l'influence gouvernementale à nous attribuer à tous.

Il est regrettable qu'on ne puisse faire entrer, pour le moment, un plus grand nombre de types ouvriers, artisans, dans la troisième section électorale, dite de la *capacité,* section, en dehors de celle du nombre, où ces électeurs peuvent figurer à titre exceptionnel; mais cette classe a été pulvérisée, en 1790, par la destruction des anciennes corporations. On ne sait plus où trouver leurs supériorités; et, les trouvant par hasard, on ne sait comment les *saisir*, c'est-à-dire en obtenir la preuve incontestable, bien authentique, qui puisse convaincre et édifier le public.

J'ai cherché ces supériorités là seulement où nous pouvons aujourd'hui les trouver..... Je les ai cherchées et trouvées dans les récompensés, les lauréats de tous nos concours (sociétés d'encouragement, sociétés scientifiques de tous genres, académies de province, enfin Institut de France); mais combien d'excellents sujets nous échappent encore!

Ce qu'il y aurait à faire, je crois, en attendant que nos économistes aient retrouvé quelque chose d'équivalent à ce qui a été détruit, ce serait de multiplier les sociétés d'encouragement; de créer partout des syndicats, des instituts embrassant toutes nos branches des arts et métiers, lesquelles associations scientifiques seraient chargées, en appréciant et jugeant les efforts qui se font dans ce grand embranchement du travail, d'en encourager et reconnaître les hommes de mérite, depuis l'apprenti jusqu'au patron. Tous les ans, ou tous les deux ans, à des époques périodiques, des concours auraient lieu, et des récompenses graduées seraient accordées aux compétiteurs heureux (diplômes, médailles, brevets...).

POUR LES CHEFS ET LES PATRONS, l'appréciation porterait sur :

La tenue de la maison, — les règles imposées aux ouvriers, — les relations avec eux.

POUR LES APPRENTIS ET LES OUVRIERS :

Deux genres de mérite seraient recherchés et encouragés :
1° *L'intelligence et le savoir :* Par un travail hors ligne, sans discordance trop accentuée avec la conduite.

2° *Le caractère et la conduite* : C'est-à-dire, indépendamment d'un bon travail ordinaire, l'assiduité, — la soumission, — l'ordre par l'épargne et la vie de famille, — la tenue à l'atelier, — le dévouement et la stabilité.

C'est ainsi, je crois, qu'on pourrait faire surgir, dans la classe des artisans et des ouvriers, des mérites actuellement perdus, réellement impossibles à constater et rendre bonne justice à leurs supériorités, en les plaçant à leur rang, dans les colléges de la troisième section électorale.

Je me suis attaché, dans le tableau *Application* n. 2, à saisir à peu près toutes les situations de l'électeur. J'ai recherché, parmi elles, les plus difficiles à caractériser, afin de prouver qu'un classement du monde électoral dans cet ordre d'idées est très-possible.

Vous verrez figurer, dans le premier et le deuxième collége de la troisième section, — section de la capacité, — de simples ouvriers, de simples serviteurs que leurs travaux ou leurs caractères ont rendu dignes de récompenses publiques et qui prennent rang dès lors dans la société comme *notoriétés distinguées*.

La loi actuelle est *un grand désordre*, vous le savez ; vous avez dès lors prêté, je pense, quelque attention à l'épigraphe de ma deuxième Etude, que je répète ici :

« *Si l'ordre est le souverain bien de la société*, dit F. Ozanam, « *la confusion, le désordre, est pour elle la dernière expres- « sion du mal* (1). »

C'est donc à ce mal qu'il faut remédier, et le faire, guidé par un sentiment de justice pour tous.

Quelques mots, maintenant, sur l'économie et l'esprit de ce classement, que je vous présente sous l'aspect de deux tableaux et qui a pour pierres d'assises : *l'âge*, — *la propriété*, — *la capacité*.

Mais, avant, ai-je besoin de dire que cet essai de classement

---

(1) *Dante,* ou la philosophie catholique au treizième siècle.

des électeurs *pour ma troisième section électorale*, seul point vraiment difficultueux, n'est et ne peut être qu'une ébauche ; mais, c'est une ébauche suffisante, je le crois, pour indiquer sûrement le travail à faire. J'en maintiens le principe. Je le crois fécond.

On comprendra sans peine que cette conception, fruit *d'un effort isolé*, puisse donner prise, incomplète qu'elle est, à des objections, surtout si la critique s'arme, pour la combattre, de cet esprit d'exactitude mathématique, thème si promptement invoqué de nos jours, et qui n'a vraiment sa raison d'être, on ne devrait pas l'oublier, que dans les élucubrations de l'ordre purement abstrait.

Aucunes coordinations dans la nature d'abord, puis dans les œuvres humaines, ensuite, ne seraient possibles ; et, partant, nous serions condamnés à vivre dans le chaos perpétuel, si nous rejetions toute mise en ordre quelconque, toute recherche de la vérité, qui ne nous conduirait pas à l'absolu.

Devrions-nous, à cause de ces imperfections de détails inhérentes à toutes espèces d'application de principes et impossibles à éviter, *rejeter la somme de bien obtenue par l'application même dans son ensemble?*

D'autres bases de classement pourront donc être choisies pour catégoriser les électeurs ouvriers dans la troisième section.

On pourra tenter, par exemple, un classement des électeurs ouvriers de la troisième section, en prenant pour base *le taux des salaires*. Je l'ai essayé. Je n'ai pas été satisfait des résultats auxquels j'arrivais. — D'abord, avec cette base unique, la sphère d'appréciation du mérite est trop circonscrite. On ne touche ici qu'au côté purement intellectuel, ou même à la somme du travail fait, *quel qu'il soit* ; puis, le salaire est une base trop vacillante. Enfin, une seule volonté, et une volonté intéressée, celle du patron, en décide.

J'ai voulu combiner cet élément d'appréciation avec cet autre : *Le temps de service chez le même patron*. J'avais un point d'appui plus sûr. Le triage des valeurs ainsi obtenues était assurément meilleur ; au moins, là, le côté du caractère était entrevu ; *l'éducation de l'individu* était exprimée et entrait pour quelque chose dans l'appréciation du mérite…; mais il n'y avait toujours qu'un seul arbitre — le maître — et je n'y ai pas vu une garantie suffisante de bon jugement.

J'ai préféré le concours et les récompenses honorifiques méritées après recherches et enquêtes de la part d'une assemblée d'hommes désintéressés.

Je crois que ce mode est aussi plus honorable et plus digne pour les ouvriers.

« Sous les gouvernements monarchiques qui ont précédé « l'Empire, on exigeait des garanties du corps électoral. Il « n'était pas, tant s'en faut, un corps confus et sans valeur. « C'était un corps choisi : il est vrai que dans ces assemblées « électorales *le pouvoir de chacun était égal*, mais il l'était « parce qu'il pouvait l'être ; il n'y avait rien là que de très-juste, « et il est facile de le comprendre.

« On comprend, en effet, que sous la Restauration et la « Monarchie de Juillet, de 1816 à 1848, périodes pendant les-« quelles les colléges électoraux formaient des assemblées rela-« tivement restreintes et exclusivement composées de citoyens « ayant entre eux la plus grande similitude, on comprend, dis-je, « que dans une réunion présentant cette homogénéité, l'influence « ait été égale et qu'il ne soit pas venu à la pensée de le con-« tester.

« La voix unique de chacun ne répondait-elle pas *aussi* « *approximativement que possible* à une égalité de valeur. Il « n'y avait rien là de choquant, parce que les dissemblances, « dissemblances inévitables dans toute assemblée, quels que « soient les rapprochements intrinsèques de ses membres, « n'étaient pas assez tranchées pour justifier des distinctions et « *un classement*. Mais aujourd'hui, il n'en est pas ainsi : les « colléges électoraux comprennent *toute la nation*, toute la » population virile de la nation. C'est une assemblée, non

» plus de plusieurs centaines d'hommes choisis et similaires,
» pris dans le monde de la propriété et des affaires, et of-
» frant, par leurs origines et leurs communs efforts, une
« garantie incontestable d'aptitude et d'amour de l'ordre. Non,
« aujourd'hui, les colléges électoraux forment une agglomération
« *de plusieurs millions d'hommes*, présentant entre eux, à tous
« égards, les différences les plus marquées, et n'offrant plus
« comme la première, au gouvernement, des garanties suffi-
« santes.

» Ce n'est pas là une assemblée électorale intelligente, réflé-
» chie, et capable de dire, en toute vérité, ce que pense & ce
» que veut la nation. Il y en a tous les éléments, tous les maté-
» riaux, mais elle n'est pas construite, si je puis dire; et l'on
» comprend la nécessité, avant toute action de sa part, d'un
» travail préliminaire *de coordination*. Il vient alors tout natu-
» rellement à l'idée, après avoir éliminé de cette agglomération
» les éléments absolument inadmissibles, tels que les très-jeunes
» gens & les hommes de tous âges indignes de remplir cet hono-
» rable mandat, de grouper les éléments restant, d'après les
» rapprochements si naturels :

» 1° De l'âge : garantie de maturité.

» 2° Des élévations acquises par la propriété & les capitaux.

» 3° Des situations dues aux talents, aux services rendus, que
» confirment les titres, les épreuves, et les récompenses pu-
» bliques.

» Il peut sortir d'un classement établi d'après ces bases plu-
» sieurs assemblées inégales entre elles comme valeur, mais
» assez homogènes, chacune en particulier, pour qu'on puisse
» leur attribuer à chacune une influence *fixe, propre ;* cette
» influence serait représentée par *une voix* d'abord pour l'assem-
» blée la plus inférieure, puis par *deux voix*, puis par *trois*
» *voix* pour les assemblées au-dessus.... »

. . . .

Voilà ce que j'écrivais, en décembre 1872 (1) :

Je place l'*âge* comme condition première de notre droit, en temps voulu, à un vote multiple, parce que c'est dans l'expérience, dans la maturité, que nous trouvons le principal élément de supériorité.

Quoi que nous soyons : *maçon, magistrat, administrateur, militaire,* nous devons au temps, nous devons à la maturité une plus-value réelle : Elle n'est jamais contestée, cette supériorité, et elle devient : ou la raison, ou le droit même à une élévation plus grande dans le cours de notre vie, à un certain avancement de fonctions & de services; et, toujours dans tous les cas, à une considération progressive.

Je ne vois donc pas pourquoi l'on ne s'appuierait pas sur la même cause évidente et si naturelle de supériorité, pour graduer notre influence politique?

Cet avancement nous atteindrait tous; il irait chercher la plus modeste situation, comme la plus élevée. Ce procédé de classement, libéral dans la bonne acception de ce mot, nous rapproche tous en nous diversifiant. Mais il a cette importance capitale de sauvegarder l'autorité du père, du chef, dans la famille; et de rétablir parmi nous *l'école du Respect*, école depuis longtemps dissoute.

Je montre, dans l'étude intitulée : *la loi électorale & le principe d'autorité* (2), un exemple choquant & dangereux de vote, suivant le système actuel, et dont la conséquence communiste n'échappera à personne; il est inutile d'y revenir.

En nivelant aussi inintelligemment les hommes, en prostituant, comme nous le faisons, notre confiance, combien peu nous tenons compte de ces vérités premières que ne se lassent de nous rappeler, en les accréditant de leurs noms, les esprits les plus sages.

---

(1) *De la hiérarchie dans le suffrage universel,* numéros des 18 et 19 décembre 1872 (deuxième étude, *Décentralisation,* journal de Lyon). — (2) Quatrième étude, 26-27 août 1873.

Faut-il rappeler cette vérité si simple?...

« *Le temps & l'expérience*, a dit M. Rossi, *sont le plus sou-*
» *vent nécessaires pour nous montrer les choses dans leurs*
» *justes proportions (1).* »

Il ne s'agit ici que du TEMPS et de l'EXPÉRIENCE, voudrez-vous
bien remarquer — et nullement de la *science* ; de cette variété
de connaissance qu'un jeune homme intelligent & laborieux peut
déjà posséder à 3o ans, et même à 25 ans.... ce qui veut dire :
qu'un ignorant de 4o ans sera un guide plus sûr dans le gouvernement de n'importe quoi...., particulier ou général, qu'un
savant de 25 ans.

Voilà le commentaire de l'aphorisme de Rossi.

La mission d'électeur, ou mieux la *fonction* d'électeur, pour
me servir de l'expression du savant rapporteur de la Commission, abstraction faite de toute culture de l'esprit, sera donc
d'autant mieux remplie que celui qui en sera chargé aura plus
d'expérience.

Ainsi, première cause, principale cause de supériorité, entre
nous : *la mâturité par l'âge.*

Cette supériorité s'applique à toutes les conditions; elle est
indépendante de la fortune & du savoir. Nous pouvons donc,
sans froisser les sentiments de justice, classer les électeurs suivant leurs valeurs respectives & leur attribuer, savoir :

   Aux électeurs de 25 à 4o ans, 1 voix.
     — de 41 à 6o ans, 2 voix.
     — de 61 et au-dessus, 3 voix.

Mais il y a, après celui-là, deux autres éléments de supériorité; ceux-ci, moins généraux, on peut dire même exceptionnels,
et qui établissent entre les hommes, quels que soient leurs âges,
des différences dont il importe de tenir compte.

Ce sera, en second lieu, *la propriété*, instrument puissant de
travail que nos parents laborieux & prévoyants ont mis entre

(1) Traité d'économie politique. 1844.

nos mains pour agrandir nos moyens d'action, tout en assurant notre bien-être & celui de nos descendants.

Puis, en troisième lieu, *la capacité*, ou cet ensemble de facultés que nous trouvons en nous, et qui plus ou moins développés, nous mettent à même de rendre des services aux autres, soit dans un but désintéressé, soit, le plus ordinairement, pour en tirer à notre profit & à celui des nôtres, des moyens d'existence.

On voit de suite les valeurs différentes que ces deux causes exceptionnelles de supériorité créent parmi nous, et il ne viendra à la pensée de personne de les contester. Il y correspond des intérêts d'ordre & d'importance divers qui demandent à être défendus & protégés, au besoin, par des influences compétentes et proportionnelles.

Il est évident que ce riche propriétaire foncier ou cet habile industriel, qui, l'un & l'autre, par la puissance de la fortune, produisent des richesses si utiles à tous; et mouvementent autour d'eux tant de monde, *ont plus de valeur* que celui auquel n'appartient pas cet élément d'action, et que logiquement, il doit leur revenir une part plus grande d'influence.

Par conséquent, ces deux électeurs, après avoir voté, à l'égal de tous, et comme le premier venu, dans la section du nombre — dite première section électorale; où les électeurs sont échelonnés, en trois groupes ou trois colléges suivant leur âge, doivent en outre, voter spécialement, et ici, à titre de représentant de *la propriété & du capital.*

Ils formeront donc, à ce point de vue, une section électorale à part, établie d'ailleurs comme la première section, c'est-à-dire à une, deux, trois voix, suivant l'importance de l'impôt ou de la patente affecté à leur fortune.

Si ces représentants de nos plus grandes richesses productives ne votaient pas spécialement, on comprend parfaitement que le nombre des *non-possédants* l'emportant de beaucoup sur le nombre des *possédants*, les intérêts représentés par ces dernier ;

qui sont, à tout bien considéré, nos grands intérêts communs, intérêts de premier ordre d'où dépendent la richesse et la prospérité du pays, seraient sans défenseurs suffisants, et en danger d'être sacrifiés.

Comme la fortune atteint l'homme sans distinction d'âge, la section électorale de *la propriété*, c'est ainsi que nous l'appelons, dans ses trois subdivisions de vote ou ses trois colléges, à une, deux, trois voix, suivant l'importance de l'impôt ou de la patente, ne comportera, en fait de limite d'âge, que celle minimum fixée par la loi proposée, *25 ans*.

Exemple :

Un propriétaire de 45 ans, après avoir voté — *2 voix* (voir le tableau n. 1) comme membre du second collége de la section électorale de *l'âge* — pourra voter le lendemain avec un droit de vote représenté par *une voix* dans la section électorale de *la propriété*, si sa propriété foncière correspond à un impôt compris entre les limites A & B. Et sa valeur totale, comme son influence totale, si d'ailleurs il n'a aucune fonction ou titre honorifique qui le rattache à la troisième section, ce dont nous parlerons un peu plus loin, sera égale à *3*.

Si ce même électeur avait été un industriel ou un proprétaire de *premier ordre*, c'est-à-dire imposé au dessus de C, il aurait voté dans le troisième collége de la section propriété, avec un droit de vote maximum représenté par *3 voix*; et sa valeur totale, comme son influence totale, eût été exprimée par le nombre *5*.

Rien n'est plus simple, et, ce qui est mieux encore, rien n'est plus juste.

Il en sera de même du troisième élément de supériorité que j'appelle : *la Capacité*.

Cet élément de supériorité est trop frappant ; il flatte trop le plus grand nombre, et, dans ce grand nombre, en premier lieu, ceux qui ne possédent pas, pour qu'il soit nécessaire de s'y arrêter beaucoup.

Cette cause de supériorité atteindra les possédants comme les non-possédants; car, il y a des possédants même riches, qui utilisent leur capacité dans des fonctions; et, il sera juste que les uns et les autres en bénéficient; mais, qu'on veuille bien le remarquer : cet élément de supériorité sera une cause exceptionnelle d'avancement politique *pour ceux qui ne possèdent pas*, quelle que soit la classe de la société à laquelle ils appartiennent; et c'est en cela qu'ils peuvent rivaliser d'influence avec *ceux qui possèdent*, lorsque ces derniers n'ont pas cru devoir rendre des services, en dehors de l'usage ou de la mise en valeur directe ou indirecte de leur propriété et de leurs capitaux.

Les effets de cette troisième cause de supériorité, je le répète, sont plus accessibles au jugement des masses, parce qu'ils dépendent exclusivement de notre valeur intrinsèque; ils sont donc mieux compris et plus accueillis.

On ne contestera donc pas plus qu'il y a eu lieu de le faire, pour les électeurs favorisés de la fortune, les différences de services rendus par tous ceux qui, soit qu'ils y soient obligés faute d'autres ressources, soit parce qu'ils le veulent bien, (jouissant d'ailleurs de ressources acquises qui pourraient les dispenser de le faire); on ne saurait, dis-je, contester les différences de services rendus par tous ceux qui appliquent leurs facultés à une fonction, à un emploi, à un travail quelconque; et, partant, les différences de valeur qu'ils acquièrent par ces occupations.

Ici donc encore, il y a des distinctions à établir, si nous voulons tout simplement être justes.

Nous ne pouvons pas faire que celui qui applique plus consciencieusement, plus énergiquement son intelligence, sa volonté, toutes ses bonnes dispositions, en un mot, à ce dont il est chargé ou à des travaux utiles, n'ait pas plus de mérites que le paresseux ou l'insouciant, et qu'il n'arrive, en général, à une situation plus élevée, et toujours à une considération plus marquée... Eh bien! à cette meilleure place conquise par ses efforts doit correspondre une influence politique plus grande, laquelle ne peut se traduire que par un *vote supérieur.*

Ainsi, par exemple, un instituteur, un frère de nos écoles chrétiennes, un juge de paix, un conseiller municipal dans un village, sont des supériorités exprimant une valeur, et auxquelles il est dû, pour qu'elles aient toute leur récompense d'abord, puis leurs justes & bonnes influences dans la société, un *vote exceptionnel.*

Par conséquent, ces notabilités, après avoir voté comme tous, dans ce que j'appelle la section électorale de l'âge ou du nombre, section fondée sur la *maturité*, doivent encore voter comme *capacité* dans une section électorale à part, fondée uniquement sur cet élément de supériorité, et que j'ai appelée la *troisième section électorale*, dite de la capacité.

Maintenant, il est évident que, de même que les hommes s'échelonnent comme *gens d'expérience*, — je l'ai fait voir, — et, à ce titre, constituent des valeurs différentes; qu'ils s'échelonnent comme *propriétaires,* et, à ce nouveau titre, constituent d'autres valeurs différentes encore; ils s'échelonnent aussi comme *capacités*, et nous fournissent dans ce nouvel ordre d'idées une hiérarchie toute spéciale, que nous devons reconnaître et dont nous devons tenir compte, en assignant à ces divers représentants, dans l'organisation du suffrage universel que nous proposons, une place à part.

Qui pourrait vraiment contester que si les notoriétés capables que nous venons de citer ont bien droit, comme telles, à un vote exceptionnel représenté par le nombre *1* dans cette section, les notoriétés capables d'un ordre plus élevé, telles que le professeur de faculté, le conseiller de cour d'appel, l'évêque du diocèse, le conseiller général du département, n'aient pas droit à un vote supérieur égal à *3*, pour me placer de suite à l'autre extrémité de cette section?...

Cela est évident : c'est une loi du simple bon sens.

Pour me résumer, je dirai que je ne crois pas que le suffrage universel puisse être organisé autrement qu'avec le secours d'un principe de hiérarchie largement appliqué à toutes les classes de la société, et qui fera ressortir au sein de chacune d'elles, et proportionnellement, leurs principales valeurs.

Dans le corps électoral actuel, tout est confondu : ce qui est un grand mal, *ce qui fait tout le mal*. Il faut donc absolument remettre chaque chose à sa place, et, avec la chose, l'homme qui s'y rapporte (1).

Le grand malentendu, et par suite le choquant antagonisme, aujourd'hui, sont entre les possédants et les non-possédants.

Au point de vue des intérêts communs, les premiers sont supérieurs aux seconds; aussi, la loi doit-elle, pour être juste, leur accorder une place à part (2); mais elle ne doit pas, pour être juste aussi, ne considérer qu'eux et n'accorder d'influence qu'à eux seuls.

Bien qu'intelligents, laborieux, moraux, nous ne sommes pas tous aptes à faire fructifier de l'argent par le commerce, l'industrie & les affaires, pour y faire fortune dans le cours d'une vie. Il faut, pour cela, des facultés spéciales. Cette aptitude ne doit donc pas être la seule devant laquelle nous ayons à nous incliner, en lui attribuant, à l'exclusion des autres, l'avantage de l'influence politique.

Il ne faut donc pas que la loi électorale redevienne une loi exclusivement censitaire, quelque bas que l'on abaisse le cens, parce que tout un monde de non-possédants, gens fort méritants, serait inconsidérément lésé.

Or, dans la section dite de la capacité, tous ceux qui ne possèdent pas, ou qui, possédant, ne possèdent pas assez pour se faire une place exceptionnelle dans la section de la propriété, peuvent s'en faire une dans cette section, d'une autre manière, surtout, si l'on a soin de multiplier les concours qui permettront

(1) *L'abstention, sa cause principale*, première étude. Novembre 1872.
(2) *Quelques bribes de bon sens!!!...* troisième étude. Mars 1873.

à la classe ouvrière de faire valoir ses travaux et d'obtenir, par ce moyen, des grades honorifiques.

Il y a aussi une cause grave & inquiétante de désordre & de dissolution dans la société : c'est celle qui touche à la constitution de la famille, au régime du foyer. En apparence, la famille est, si l'on veut, organisée... mais, au fond, non, elle ne l'est plus.

L'autorité & l'influence du père de famille laissent beaucoup à désirer : autant dire qu'elle n'a plus de chef; et quant au respect des aïeux, à leur mémoire, il n'y en a plus vestige.

Cela tient à une émancipation trop radicale de la jeunesse, fruit des préceptes de Rousseau. *Pour cet esprit faux* (1), l'apogée du bien, du bon, est dans le jeune homme garanti de tout point de contact avec la société. Les père et mère eux-mêmes ne peuvent qu'influer défavorablement sur lui par l'éducation. Il niait, en définitive, à peu près l'utilité de la famille, en dehors des premiers soins physiques à donner à l'enfant.

Or, vous voyez où cela nous a conduits!...

Aujourd'hui, les vieillards sont relégués et des gens souvent fort embarrassants. Le prestige qui se rattache au maximum de valeurs a passé aux jeunes gens. Il y a là un signe évident de décadence. Il m'a semblé qu'il fallait réagir, en toute occasion, et celle de l'étude, au parlement, de la loi électorale, en est la plus importante et la plus décisive.

La première section électorale, dans laquelle les hommes de toutes classes grandissent parallèlement en autorité et en influence, au fur et à mesure qu'ils gagnent en maturité et qu'ils vieillissent, qu'ils deviennent dans la famille, et le plus ordinairement *par la famille* (car le célibat est une exception), des personnages responsables et respectables, est une conception,

---

(1) *Il faut surveiller cet homme sans relâche,* dit M. de Maistre, *et le surprendre* LORSQU'IL LAISSE ÉCHAPPER LA VÉRITÉ PAR DISTRACTION.

(Considérations sur la France.)

On ne saurait mieux dire dans quelles erreurs ce philosophe socialiste nage, et à quel point il a dû nous égarer.

contre-pied de la voie où nous engage Rousseau, qui me semble devoir rallier à elle tous les esprits. Les chefs de famille de tous les âges ne peuvent que l'appuyer, et les vieillards en appeler la sanction légale de tous leurs vœux. — *C'est un lien entre toutes les classes.*

Quant aux jeunes générations, cette classification leur enlève une influence prématurée; mais elle la leur rend plus tard, en la doublant et la triplant, pour consolider et perpétuer un pouvoir qui, sans cette précaution, leur échapperait au milieu de leur carrière.

La loi électorale que nous attendons peut beaucoup contribuer à notre régénération; mais à une condition, cependant : c'est que cette institution consacrera des principes d'ordre & d'autorité (1).

Je me suis attaché à faire de cet essai de *coordination du suffrage universel* le premier élément de fusion entre les classes de la société, tout en maintenant dans elles une *indispensable hiérarchie.*

J'y vois un terrain de franche concorde.

Veuillez agréer, etc.

(1) *La loi électorale et le principe d'autorité :* Quatrième étude.

SUFFRAGE UNIVERSEL. — DIRECT. — HIÉRARCHISÉ.

25 ans d'âge. — 2 ans de domicile (conformément à la décision de la Commission)

(*Vote multiple proportionnel aux valeurs.* — Cumul des votes de section à section.)

AVANCEMENT POLITIQUE RÉGULIER POUR CHACUN.

CARTE D'ÉLECTEUR.	CARTE D'ÉLECTEUR.	CARTE D'ÉLECTEUR.
PREMIÈRE SECTION Mᵉ né à le Domicile : « COLLÉGE, CORRESPONDANT A 1, 2 OU 3 VOIX.		TROISIÈME SECTION Mᵉ né à le Domicile : COLLÉGE, CORRESPONDANT A 1, 2 OU 3 VOIX.

PREMIÈRE SECTION.

—

Hiérarchie dans le nombre.

3 colléges électoraux

(A 1 — 2 — 3 voix).

1ᵉʳ collége (1 voix)

Les hommes de 25 à 40 ans.

2ᵉ collége (2 voix)

Les hommes de 41 à 60 ans.

3ᵉ collége (3 voix)

Les hommes de 61 ans et au-dessus.

Nous sommes *tous* compris dans cette section.
Ici, la hiérarchie fondée sur l'âge de l'électeur, et par conséquent sur la maturité, sauvegarde la dignité du chef de la famille vis-à-vis de ses enfants.
Le principe d'autorité à relever partout, mais avant tout dans la famille, indiquait cette hiérarchie.

DEUXIÈME SECTION.

—

Hiérarchie dans la propriété.

3 colléges électoraux

(A 1 — 2 — 3 voix).

1ᵉʳ collége (1 voix)

(A partir de 25 ans et sans limites)

Impôt foncier — de A à B.

Patente — de M à N.

2ᵉ collége (2 voix)

(A partir de 25 ans et au-dessus).

Impôt foncier — de B à C.

Patente — de N à P.

3ᵉ collége (3 voix)

(A partir de 25 ans et au-dessus).

Impôt — de C et au-dessus.

Patente — de P et au-dessus.

Les possédants, au-dessous de A impôt et de M patente, ne sont pas compris dans cette section.

TROISIÈME SECTION.

—

Hiérarchie dans la capacité.

3 colléges électoraux

(A 1 — 2 — 3 voix).

1ᵉʳ collége (1 voix)

(A partir de 25 ans et sans limites).

CLERGÉ : Les prêtres.
MAGISTRATURE : Le juge de paix.
INSTRUCTION PUBLIQUE : L'instituteur, le frèr[e] écoles chrétiennes.
ARMÉE : Les sous-officiers, les officiers subalt[ernes]
ADMINISTRATION : Les agents subalternes.
FONCTIONS ÉLECTIVES GRATUITES : Municipalité lages et cantons).
DISTINCTIONS HONORIFIQUES : Médaillés militaires réats des académies de province, sociétés d[e] culture, etc.

2ᵉ collége (2 voix)

(A partir de 25 ans et au-dessus).

CLERGÉ : Curés, les pères d'ordres religieu[x]
MAGISTRATURE : Tribunaux de première inst[ance]
INSTRUCTION PUBLIQUE : Docteurs, professeurs lycées.
ARMÉE : Les officiers supérieurs.
ADMINISTRATION : Les agents supérieurs ou ch[efs de] service.
FONCTIONS ÉLECTIVES GRATUITES : Conseillers d'a[rron]dissement, municipalité (sous-préfecture).
DISTINCTIONS HONORIFIQUES : Légionnaires : Chev[aliers] officiers, lauréats de l'Institut, des Beaux-Art[s]

3ᵉ collége (3 voix)

(A partir de 25 ans et au-dessus).

CLERGÉ : Évêques, supérieurs d'ordres.
MAGISTRATURE : Conseillers.
INSTRUCTION PUBLIQUE : Professeurs de facult[é]
ARMÉE : Officiers généraux.
ADMINISTRATION : Chefs d'administration, pr[éfet,] directeur.
FONCTIONS ÉLECTIVES GRATUITES : Conseiller gér[éral,] municipalité (grande ville), chambres de [com]merce, de notaires, d'avocats.
DISTINCTIONS HONORIFIQUES : Légionnaires : C[om]mandeur et au dessus, Institut, etc.

Il ne nous a pas été possible, on le comprend, un cadre aussi restreint, de faire figurer t[outes] les situations militantes; mais, d'après c[elles] citées plus haut, on peut trouver celles o[mises] par analogie. Le tableau nᵒ 2 (applicatio[n]) suppléé déjà pour un bon nombre.

14 février 187[4]

APPLICATION

MATURITÉ	SITUATION TERRITORIALE OU FINANCIÈRE	SITUATION HONORIFIQUE.	Voix à donner			
AGE	PROPRIÉTÉ. — CAPITAL.	CAPACITÉ.	1re section.	2e section.	3e section.	TOTAL.
ANS						
45	Propriétaire : impôt compris entre A et B	Juge de paix	2	1	1	4
51	Commerçant ou industriel : patente entre N et P	Conseiller municipal. — Sous-préfecture	2	2	2	6
50	Grand propriétaire : impôt au-dessus de C	Conseiller général	2	3	3	8
67	Id. Id.	Conseiller à la Cour de cassation	3	3	3	9
25	Id. Id.		1	3	»	4
37		Instituteur	1	»	1	2
63		Instituteur en retraite	3	»	1	4
30	Commerçant : patente entre M. et N	Ancien sous-officier	1	1	1	3
27		Ouvrier terrassier	1	»	»	1
61		Le même	3	»	»	3
35	Petit propriétaire cultivateur : impôt *au-dessous* de A		1	»	»	1
45	Le même	Lauréat société d'agriculture, concours	2	»	1	3
38	Commerçant : patente *au-dessous* de M		1	»	»	1
42	Le même	Conseiller municipal : chef-lieu de canton	2	»	1	3
41		Architecte : ancien grand prix de Rome	2	»	2	4
49		Ingénieur en chef des mines	2	»	2	4
28		Prêtre : vicaire de paroisse	1	»	1	2
43		Prêtre : curé de la paroisse	2	»	2	4
35		Prêtre : père dominicain	1	»	2	3
57		Évêque	2	»	3	5
38		Docteur en médecine	1	»	2	3
55		Le même	2	»	2	4
65		Le même : membre de l'Académie de médecine	3	»	3	6
34	Charge de notaire : patente de M à N		1	1	»	2
42	— patente de N à P	Docteur en droit	2	2	2	6
63	— patente au-dessus de P	Président de la Chambre des notaires, Paris	3	3	3	9
38	Propriétaire : mais impôt *au-dessous* de A	Député	1	»	3	4
61	Grand-propriétaire : impôt au-dessus de C	Député	3	3	3	9
33		Agent d'une exploitation industrielle ou agricole, brevet de capacité. — Ecole centrale ou Grignon	1	»	1	2
62		Le même	3	»	1	4
31		Ingénieur civil : Diplôme. Ecole centrale, agent d'une exploitation industrielle	1	»	2	3
60		Le même. Directeur de l'usine	3	»	3	6
35		Contre-maître : usine, brevet Ecole de Châlons	1	»	1	2
48		Chef d'atelier — —	2	»	1	3
63		Id. Id.	3	»	1	4
44	Propriétaire : impôt au-dessous de A	Artiste peintre : médaille de bronze. Exposition	2	»	1	3
55	Id. Id.	Artiste peintre : médaille d'or	2	»	3	5
33	Id. Id.	Artiste : Musique. Accessit au prix. Conservatoire	1	»	1	2
41	Id. Id.	Artiste : Musique premier prix, composition	2	»	2	4
62	Propriétaire : impôt de B en C	Artiste : Membre de l'Institut	3	2	3	8
36	Propriétaire : impôt *au-dessous* de A	Littérateur poésie : prix, jeux floraux. Toulouse	1	»	1	2
45	Id. Id.	Littérateur : Lauréat de l'Institut	2	»	2	4
42	Id. Id.	Aide-naturaliste au muséum : Docteur ès-sciences	2	»	2	4
39		Licencié ès-lettres : professeur. Lycée communal	1	»	2	3
51		Historien : Docteur, professeur de faculté	2	»	3	5
48	Journalisme : patente de N à P	Le directeur : Rédacteur en chef	2	2	2	6
48	Id. Id.	Le comité de rédaction	2	»	2	4
48	Journalisme : patente au-dessus de P	Le directeur : Rédacteur en chef	2	3	3	8
48	Id. Id.	Le comité de rédaction	2	»	3	5
27		Avocat	1	»	1	2
35		Avocat : docteur en droit	1	»	2	3
52		Avocat : membre du conseil de l'ordre	2	»	3	5
32	Dans une étude : à patente, entre N et P	Premier clerc de notaire	1	»	1	2
36	Dans une étude : à patente au-dessus de P	Premier clerc de notaire	1	»	2	3
27	Un livret de caisse d'épargne	Ouvrier menuisier	1	»	»	1
41	Un titre de rentes sur l'État de 150 fr	Le même	2	»	»	2
61	Un titre de rentes sur l'État de 400 fr	Le même	3	»	»	3
27	Un possédant au-dessous de A impôt	Expéditionnaire dans une administ. du gouvernement	1	»	»	1
41	Id. Id.	Le même	2	»	»	2
61	Id. Id.	Le même	3	»	»	3
60		Officier subalterne : lieutenant en retraite	3	»	1	4
62		Officier supérieur en retraite : colonel	3	»	2	5
66		Officier général en retraite : général de division	3	»	3	6
62		Recev. des dom., ou garde général des forêts, en retraite	3	»	1	4
64		Inspecteur des domaines ou des forêts en retraite	3	»	2	5
66		Directeur ou conservateur en retraite	3	»	3	6
62		Ouvrier fondeur : médaille d'argent société d'encouragement, moralité, stabilité	3	»	1	4
67		Ancien-jardinier retiré, premier prix ou plusieurs médailles, société d'horticulture	3	»	1	4
66		Domestique : serviteur retiré, médaille, société d'encouragement, intelligence, dévouement	3	»	1	4
64		Le même : Lauréat de l'institut	3	»	2	5
42		Domestique en activité : ferme agricole, médaille, Société d'agriculture	2	»	1	3

OBSERVATIONS

—

MODE DE PROCÉDER POUR UNE ÉLECTION

Chaque électeur a eu soin, au préalable, de retirer *la carte* ou *les cartes* auxquelles il a droit ; il les conserve telles, jusqu'à ce que les modifications survenues dans son âge, sa fortune ou sa situation honorifique l'obligent à en changer.

Ces cartes, d'une couleur *différente* pour chaque section, et *uniforme* pour *toute la France*, portent, chacune, très-ostensiblement, le numéro du collège dont fait partie l'électeur dans la section ; plus, ses noms et sa résidence politique.

Aux jours indiqués pour les votes, l'électeur se présente dans les salles spéciales, afférentes à chaque section.

Là il trouve :

Le bureau de vote et de surveillance, où sont en évidence *trois urnes*, correspondantes aux trois collèges de la section, 1—2—3 et portant, collée sur la face de devant, une carte semblable à celle qu'il tient, et revêtue d'un des trois numéros ci-dessus, afin que toute méprise soit impossible.

Puis, à l'autre bout de la salle, sur une autre table surveillée par un des assesseurs, se trouvent trois piles de feuilles imprimées, de même couleur que celle de la carte de la section et numérotées comme ces cartes ; seulement, ici, *le numéro existe au recto comme au verso.*

Le surveillant de cette table se fait représenter la carte de l'électeur arrivant ; il en vérifie le numéro ; il regarde au verso si elle a déjà servi pour l'élection présente. Puis, ce contrôle exercé, il délivre à l'électeur l'imprimé dont il a besoin pour voter.

L'électeur écrit alors sur cet imprimé le nom ou les noms de ses candidats, plie cet imprimé en quatre, mais de manière à laisser visible *le numéro du verso*, et se dirige avec son bulletin vers le bureau des urnes.

Là, le président prend le bulletin, en regarde le numéro qu'il compare à celui de la carte de l'électeur, et, si tout est conforme, il le glisse dans *l'urne voulue* ; puis, avant de rendre la carte à l'électeur, il y fait apposer au dos, par un de ses assesseurs auquel il la passe, un timbre rectangulaire semblable à celui qu'on appose sur les titres de rentes, après le paiement de chaque trimestre ; ici, ce timbre porterait la date officielle de l'élection.

Une carte de 12 centimètres sur 10 pourrait servir à 12 élections.

14 février 1874.

Meaux. — Imp. A. Cochet, 16, rue Saint-Etienne.